AF176019

Ich bin Ich

Und ich bin stolz drauf!

Arbeitsheft

Maria Anna Bröder

Impressum

Text und Umschlag:

© 2021 Copyright by Maria Anna Bröder

Am Birbet 5; 83115 Neubeuern

www.schriftliche-meditationen.de

Herstellung und Verlag: BoD – Books on Demand, Norderstedt

ISBN 978-3-7534-6411-4

Bilder: Freepik.com

Bibliografische Information der Deutschen Nationalbibliothek:

Die Deutsche Nationalbibliothek verzeichnet diese Publikation in der Deutschen Nationalbibliografie; detaillierte bibliografische Daten sind im Internet über http://dnb.d-nb.de abrufbar.

Schriftliche Meditation für mehr

Klarheit und Freiheit

„Ich kenne kein anderes Bestreben, als mich selbst, nach meiner Weise, soviel als möglich auszubilden, damit ich an dem Unendlichen, in das wir gesetzt sind, immer reiner und froher Anteil nehmen möge."

JOHANN WOLFGANG VON GOETHE

Vorwort

Du bist das, was Du denkst und glaubst. Deine Realität ist das, was Du von ihr denkst und glaubst. Wenn Du das, was Du denkst oder glaubst aktiv und bewusst veränderst, kannst Du Deine Realität aktiv und bewusst verändern.

Die Vorstellung, dass wir nur durch unsere innere Einstellung und unser damit verbundenes Auftreten ein Bewerbungsgespräch positiv beeinflussen können, dürfte für jeden klar und annehmbar sein. Durch die bewusste Programmierung unserer Überzeugungen unser Einkommen um 50% zu steigern, ist für einige dann schon schwieriger anzunehmen. Und doch funktioniert es!

Erforsche, wo Du Dich begrenzt, und übernimm die Verantwortung dafür. Mache Dir bewusst, WAS Du glaubst/denkst, WARUM Du das glaubst und ob Du es weiter glauben möchtest. Du kannst Deine geistigen Begrenzungen finden, Deine Komfortzone erkennen und Deine Möglichkeiten erweitern. So kannst Du Dir Dein Leben zu Deinem Spielplatz machen.

Das einzige, was uns davon abhalten kann, etwas zu erreichen, ist der Glaube, dass es unmöglich ist. Unbewusst erschaffen wir uns tagtäglich Situationen, die uns beweisen, was wir glauben. Dieses (unbewusste) Denken stärkt umso mehr innere Widerstände gegen ein erwünschtes Ziel, je größer uns der Wunsch erscheint.

Diese Heftreihe ist dafür da, Dir dabei zu helfen, diese Mechanismen zu erkennen und zu prüfen. Eine Entdeckungsreise durch die Knoten Deiner Glaubenssysteme und -muster. Aber auch ein mächtiges Hilfsmittel und ein Werkzeug.

Dein Schlüssel zum Erfolg ist, Dir erst einmal bewusst zu machen, was Du denkst/glaubst und wovon DU (unbewusst) überzeugt bist.

Meine Coachings und diese Arbeitshefte basieren auf meiner langjährigen Erfahrung, dass ich mit meinen Gedanken meine Realität steuern kann. Diese Übungen in meinen Heften dienen der aktiven Realitätssteuerung (Reality Creation).

Die Hefte der Reihe „Arbeitshefte: Schriftliche Meditationen für mehr Klarheit und Freiheit" sind im Rahmen meiner zahlreichen Coachings entstanden. Immer, wenn ich Klienten mit diversen Themen hatte, stellte ich ihnen passende Übungen zusammen, die diese alleine und ungestört zu Hause ausführen sollten.

So konnten sie bei der Bearbeitung einfach noch ehrlicher zu sich selbst sein.

Es ist deutlich nachhaltiger und hat eine höhere Qualität, wenn wir unsere Übungen schriftlich auf Papier ausführen, und das, was wir entdecken, wirklich auch noch zusätzlich in Sätze formulieren, anstatt die Aufgaben nur kurz zu „durchdenken".

Deine Aufgaben nur zu überfliegen und zu sagen: „Aha! Verstanden!", wird Dich nicht in die Lage versetzen, wirklich zu begreifen und zu verstehen, was sich unter oder hinter den verschiedenen Schichten Deiner Glaubenssätze, Muster und Gedanken versteckt.

In diesem Sinne wünsche ich Dir viel Spaß, spannende Erkenntnisse und das Leben, dass Du Dir wünschst.

Einleitung

Dieses Heft ist Deine eigene Definition, Dein ganz persönlicher Wikipedia-Eintrag. Hier geht es nur um Dich.

Wer bist Du? Was bist Du? Wie bist Du? Wo definierst Du Dich über andere, wo machst Du Dich von anderen abhängig?

Nutze dieses Heft als eine absolute Bestandsaufnahme. Eine Inventur. Es gilt Grenzen zu erkennen und Unbewusstes bewusst zu machen. Erkenne starre Muster und Verhaltensweisen. Lerne aus ihnen mehr über Dich selbst und wachse.

Wenn Du weißt wer Du bist, hast Du die Möglichkeit wortwörtlich IN DIR zu ruhen. Du kannst auf eigenverantwortliche Art und Weise agieren und reagieren. Neutral von außen Emotionen betrachten, benennen und die dahinterstehenden Bedürfnisse erkennen und danach handeln. Du kannst leichter, besser und bewusster kommunizieren, Kommunikation vereinfachen und stressfrei lösungsorientiert antworten.

Finde heraus, wer DU wirklich bist. Erforsche Dein wahres Selbst und entdecke Deine Identität in all ihren Farben. Löse Schwarz-weiß-Denken auf und lass Dein Leben bunt und aufregend werden.

Du bist wundervoll!

Arbeitsanweisung

— Um in diesem Heft zu arbeiten, brauchst Du bunte Stifte und zusätzlich ein paar Blätter Papier für Notizen.

— Sorge dafür, dass Du Ruhe hast und Dich niemand stört, solange Du Deine Übungen machst.

— Bewahre Deine Arbeitsbücher an einem Ort auf, an denen sie vor den Augen anderer sicher sein können. Du musst bei der Bearbeitung der Übungen zu 200% ehrlich sein können und nicht ständig daran denken müssen: „Hoffentlich liest das keiner!".

— Versuche bei den schriftlichen Übungen spontan zu antworten. Nimm Dir die Zeit, die Du für Arbeits-Aufgaben brauchst, damit Du sie wirklich ausführen kannst. Sorge für Ruhe während der Meditationen.

— Lass keine Übung aus.

— Versuche auch immer die angegebene Anzahl an Antworten zu finden, auch wenn es etwas länger dauert, bis Du fünf oder 10 Antworten gefunden hast.

— Wenn Du mit einem Heft durch bist, verschließe es (ich verklebe meine sogar mit Klebeband) und lege es zur Seite.

Lass los!

Das ist ein wichtiger Teil der Arbeit. Du musst nun nicht mehr daran denken und darfst sogar vergessen, dass du darin gearbeitet hast!

Falls Du ein ähnliches Thema bearbeiten möchtest, besorge Dir ein neues Heft und fange darin ganz von vorne wieder an. Auch ist es hilfreich, das ein oder andere Heft nach längerer Zeit (sechs bis zwölf Monate) zu wiederholen und zu vergleichen, was sich geändert hat.

Viel Erfolg!

Schreibe mindestens 25 Sätze, die mit den Worten „Ich bin..."
beginnen. (Z. B. Alter, Größe, Beruf, Gesundheit, Familie,
Charaktereigenschaften, Gewohnheiten, . . .)

Ich bin _____

Ich bin _____

Ich bin _____

Ich bin _____

Ich bin _____

Ich bin _____

Ich bin _____

Ich bin _____

Ich bin _____

Ich bin _____

Ich bin _____

Ich bin _____

Ich bin _____

Ich bin _____

Ich bin _____

Ich bin _____

Ich bin _____

Ich bin _____

Ich bin _____

Ich bin _____

Ich bin _____

Ich bin _____

Ich bin _____

Ich bin _____

Ich bin _____

Ich bin _____

Ich bin _____

Bilde Sätze:

Das Leben ist _____

_____

Das Leben ist _____

_____

Das Leben ist _____

_____

Das Leben ist _____

_____

Das Leben ist _____

_____

Das Leben ist _____

_____

Das Leben ist _____

_____

Das Leben ist _____

_____

Die Menschen sind _____

_____

Die Menschen sind _____

_____

Die Menschen sind _____

_____

Die Menschen sind _____

_____

Die Menschen sind _____

_____

Die Menschen sind _____

_____

Die Menschen sind _____

_____

Die Menschen sind _____

_____

Die Menschen sind _____

_____

Meine Familie ist _____

_____

Meine Familie ist _____

_____

Meine Familie ist _____

_____

Meine Familie ist _____

_____

Meine Familie ist _____

_____

Meine Familie ist _____

_____

Meine Familie ist _____

_____

Meine Familie ist _____

_____

Meine Familie ist _____

_____

Meine größten Stärken sind:

1 _____

_____

2 _____

_____

3 _____

_____

4 _____

_____

5 _____

_____

Meine größten Schwächen sind:

1 _____

_____

2 _____

_____

3 _____

_____

4 _____

_____

5 _____

_____

Ich habe eine große Abneigung, gegen:

1 _____

_____

2 _____

_____

3 _____

_____

4 _____

_____

5 _____

_____

Ich rege mich besonders auf, über:

1 _____

_____

2 _____

_____

3 _____

_____

4 _____

_____

5 _____

_____

Schwer verletzt wurde ich durch:

1 _____

_____

2 _____

_____

3 _____

_____

4 _____

_____

5 _____

_____

Mein Leben wird beeinflusst, durch:

1 _____

_____

2 _____

_____

3 _____

_____

4 _____

_____

5 _____

_____

Ich bin abhängig, von:

1 _____

_____

2 _____

_____

3 _____

_____

4 _____

_____

5 _____

_____

Warum bin ich von o. g. Punkten abhängig?

1 _____

_____

2 _____

_____

3 _____

_____

4 _____

_____

5 _____

_____

6 _____

_____

7 _____

_____

8 _____

_____

9 _____

_____

10 _____

_____

Am meisten Angst habe ich vor...

1 _____

_____

2 _____

_____

3 _____

_____

4 _____

_____

5 _____

_____

Warum habe ich vor o. g. Punkten Angst?

1 _____

_____

2 _____

_____

3 _____

_____

4 _____

_____

5 _____

_____

Hilflos fühle ich mich, wenn:

1 _____

_____

2 _____

_____

3 _____

_____

4 _____

_____

5 _____

_____

Mit starker Frustration gehe ich wie folgt um:

1 _____

_____

2 _____

_____

3 _____

_____

4 _____

_____

5 _____

_____

Persönlich zurückgewiesen fühle ich mich, wenn:

1 _____

_____

2 _____

_____

3 _____

_____

4 _____

_____

5 _____

_____

Starke Verlustängste werden bei mir ausgelöst, durch:

1 _____

_____

2 _____

_____

3 _____

_____

4 _____

_____

5 _____

_____

In Situationen, in denen ich mich hilflos und frustriert fühle, würde mir folgendes helfen:

1 _____

_____

2 _____

_____

3 _____

_____

4 _____

_____

5 _____

_____

6 _____

_____

7 _____

_____

8 _____

_____

9 _____

_____

10 _____

_____

Wenn ich alles, was ich mir bis heute aufgebaut habe (Materielles, Beziehung, Erfolg) verlieren würde, würde ich:

1 _____
_____

2 _____
_____

3 _____
_____

4 _____
_____

5 _____
_____

Ich setze mich selbst/meinen Wert herab, durch/weil:

1 _____
_____

2 _____
_____

3 _____
_____

4 _____
_____

5 _____
_____

Es kostet mich sehr viel Energie, wenn:

1 _____

_____

2 _____

_____

3 _____

_____

4 _____

_____

5 _____

_____

Ich erhalte Energie durch/von:

1 _____

_____

2 _____

_____

3 _____

_____

4 _____

_____

5 _____

_____

Von meinem/-n Partner/-n, Freunden, Mitbewohnern, Kollegen
erwarte ich:

1 _____

_____

2 _____

_____

3 _____

_____

4 _____

_____

5 _____

_____

Wenn jemand meine Erwartungen nicht erfüllt, dann
bin ich:

1 _____

_____

2 _____

_____

3 _____

_____

4 _____

_____

5 _____

_____

Wenn jemand meine Erwartungen nicht erfüllt, dann tue ich „X" (bewusst und unbewusst), um es zu bekommen:

1 _____

_____

2 _____

_____

3 _____

_____

4 _____

_____

5 _____

_____

Durch folgende Verhaltensweisen setze ich andere Menschen bewusst oder unbewusst unter Druck:

1 _____

_____

2 _____

_____

3 _____

_____

4 _____

_____

5 _____

_____

Um in Stresssituationen ruhig zu bleiben, habe ich mir folgende Strategien zurecht gelegt:

1 _____

_____

2 _____

_____

3 _____

_____

4 _____

_____

5 _____

_____

6 _____

_____

7 _____

_____

8 _____

_____

9 _____

_____

10 _____

_____

Wenn ich nur noch ein Jahr zu leben hätte, dann würde ich ...

1 _____

_____

2 _____

_____

3 _____

_____

4 _____

_____

5 _____

_____

Ich habe sehr großes Interesse, an:

1 _____

_____

2 _____

_____

3 _____

_____

4 _____

_____

5 _____

_____

Große Freude bereitet mir:

1 _____

_____

2 _____

_____

3 _____

_____

4 _____

_____

5 _____

_____

Besonders gut kann ich:

1 _____

_____

2 _____

_____

3 _____

_____

4 _____

_____

5 _____

_____

Meine besonderen Talente sind:

1 _____

_____

2 _____

_____

3 _____

_____

4 _____

_____

5 _____

_____

An mir selbst liebe ich besonders:

1 _____

_____

2 _____

_____

3 _____

_____

4 _____

_____

5 _____

_____

Große Begeisterung löst folgendes in mir aus:

1 _____

_____

2 _____

_____

3 _____

_____

4 _____

_____

5 _____

_____

Ich kann nur glücklich sein, wenn:

1 _____

_____

2 _____

_____

3 _____

_____

4 _____

_____

5 _____

_____

Wenn ich nur noch einen Monat zu leben hätte, dann würde ich ...

1 _____

_____

2 _____

_____

3 _____

_____

4 _____

_____

5 _____

_____

Ich kann es kaum erwarten, bis ich endlich:

1 _____

_____

2 _____

_____

3 _____

_____

4 _____

_____

5 _____

_____

Ich beschreibe meinen persönlichen Charakter wie folgt:

1 _____

_____

2 _____

_____

3 _____

_____

4 _____

_____

5 _____

_____

Meine Freunde würden mich so beschreiben:

1 _____

_____

2 _____

_____

3 _____

_____

4 _____

_____

5 _____

_____

Meine Ziele und Wünsche als Kind waren:

1 _____

_____

2 _____

_____

3 _____

_____

4 _____

_____

5 _____

_____

Meine größten Ziele heute sind:

1 _____

_____

2 _____

_____

3 _____

_____

4 _____

_____

5 _____

_____

Ich gebe anderen Menschen. . . Für andere Menschen mache ich . . . :

1 _____

_____

2 _____

_____

3 _____

_____

4 _____

_____

5 _____

_____

Andere Menschen geben mir:

1 _____

_____

2 _____

_____

3 _____

_____

4 _____

_____

5 _____

_____

Menschen, die ich gerne (nochmal) treffen möchte: *(egal, ob sie noch leben oder nicht)*

1 _____

_____

2 _____

_____

3 _____

_____

4 _____

_____

5 _____

_____

Warum möchte ich o. g. Menschen gerne nochmal treffen?

1 _____

_____

2 _____

_____

3 _____

_____

4 _____

_____

5 _____

_____

Menschen, bei denen ich mich gerne entschuldigen würde (Wofür?):

1 _____

_____

2 _____

_____

3 _____

_____

4 _____

_____

5 _____

_____

Menschen, die sich bei mir noch entschuldigen müssen
(Wofür?):

1 _____

_____

2 _____

_____

3 _____

_____

4 _____

_____

5 _____

_____

Ich versuche alles in meiner Macht Stehende zu tun, um folgendes zu vermeiden:

1 _____

_____

2 _____

_____

3 _____

_____

4 _____

_____

5 _____

_____

Wenn ich nochmal von vorne beginnen könnte, würde ich folgendes anders machen:

1 _____

_____

2 _____

_____

3 _____

_____

4 _____

_____

5 _____

_____

Ich bin froh, dass ich . . . in meinem Leben gemacht habe:

1 _____

_____

2 _____

_____

3 _____

_____

4 _____

_____

5 _____

_____

Ich bereue, dass ich . . . . gemacht habe:

1 _____

_____

2 _____

_____

3 _____

_____

4 _____

_____

5 _____

_____

Wenn ich nur noch eine Woche zu leben hätte, dann würde ich ...

1 _____

_____

2 _____

_____

3 _____

_____

4 _____

_____

5 _____

_____

Meine bisherigen Erfolge sind:

1 _____

_____

2 _____

_____

3 _____

_____

4 _____

_____

5 _____

_____

Von o. g. Erfolgen würde ich folgenden Menschen gerne erzählen:

1 _____

_____

2 _____

_____

3 _____

_____

4 _____

_____

5 _____

_____

Warum sollten o. g. Menschen von meinen Erfolgen erfahren?

1 _____

_____

2 _____

_____

3 _____

_____

4 _____

_____

5 _____

_____

Folgende Erfahrungen haben mein Leben nachhaltig beeinflusst (positiv/negativ):

1 _____

_____

2 _____

_____

3 _____

_____

4 _____

_____

5 _____

_____

Warum haben mich o. g. Erfahrungen so nachhaltig beeinflusst? Was wäre ohne diese Erfahrungen jetzt anders?

1 _____

_____

2 _____

_____

3 _____

_____

4 _____

_____

5 _____

_____

Folgende Bedürfnisse versuche ich durch meinen
(Ehe-)Partner/andere Menschen zu befriedigen:

1 _____

_____

2 _____

_____

3 _____

_____

4 _____

_____

5 _____

_____

Ich liebe meinen (Ehe-)Partner, Geschwister, Familie, weil:

1 _____

_____

2 _____

_____

3 _____

_____

4 _____

_____

5 _____

_____

Wenn ich wüsste, dass es garantiert zu Erfolg führen würde, würde ich noch heute . . . . beginnen:

1 _____

_____

2 _____

_____

3 _____

_____

4 _____

_____

5 _____

_____

Nenne eine Erkenntnis, ein Bewusst werden, ein „Aha!",
das Dir vorher nicht bewusst war:

_____

_____

_____

_____

_____

_____

_____

_____

_____

_____

_____

_____

_____

_____

_____

_____

_____

Welche Personen tauchen oben immer wieder auf?

_____

_____

_____

_____

_____

_____

_____

_____

_____

_____

_____

_____

_____

_____

_____

_____

_____

_____

_____

Welche Emotionen lösen diese Personen in Dir aus:

(„XY macht mich glücklich." „Bei AB kann ich gut entspannen."
„XY nervt mich ständig!")

1 _____

_____

2 _____

_____

3 _____

_____

4 _____

_____

5 _____

_____

6 _____

_____

7 _____

_____

8 _____

_____

9 _____

_____

10 _____

_____

Nimm jeden dieser Sätze der letzten Frage und forme sie zweimal um.

Einmal ins Gegenteil: *„XY macht mich glücklich!" wird „Ich mache XY glücklich!"; „XY regt mich auf!" wird „Ich rege XY auf!"*

Und einmal von Dir selbst abhängig bzw. auf Dich selbst bezogen. „XY macht mich glücklich!" wird zu „Ich mache mich glücklich!"; „XY regt mich auf!" wird zu „Ich rege mich auf!"

1a _____

1b _____

2a _____

2b _____

3a _____

3b _____

4a _____

4b _____

5a _____

5b _____

6a _____

6b _____

7a _____

7b _____

8a _____

8b _____

9a _____

9b _____

10a _____

10b _____

Meditation

Spüre Dich in diese neuen Sätze rein. Kannst Du sie akzeptieren?

Erinnerst Du Dich an Situationen, in denen diese Sätze wahr waren?

Kannst Du die Verantwortung für Deine Emotionen übernehmen?

Welcher dieser Sätze ist für Dich am schwersten zu akzeptieren? (Bsp. „Ich rege mich auf!")

_____
_____
_____
_____
_____

Blicke auf den Ursprungssatz: „XY regt mich auf!" Woran hindert Dich dieser Satz? Was kannst Du nicht denken, fühlen, tun, weil Du diesen Satz glaubst?

(Mich beruhigen. Entspannt arbeiten...)

_____
_____
_____
_____
_____

Was ermöglicht Dir der Ursprungssatz „XY regt mich auf"?

(Wütend auf XY zu sein. XY die Schuld dafür zu geben...)

_____
_____
_____
_____
_____

Woran würde Dich der neue, von Dir selbst abhängige Satz („Ich rege mich auf!") hindern? *(Jammern und schimpfen)*

_____

_____

_____

_____

_____

Was würde Dir dieser neue Satz ermöglichen? *(Mich zu beruhigen. Mich zu ändern. Ruhig und neutral auf XY zu reagieren.)*

_____

_____

_____

_____

_____

An die Arbeit

– Nimm einen roten und einen grünen Stift, beginne ganz am Anfang bei der ersten Übung in diesem Heft.

– Markiere alle positiven, unterstützenden und energievollen Sätze, Eigenschaften und Gedanken mit grün.

– Markiere ALLE negativen, hinderlichen und belastenden Sätze farbig mit Rot.

– Nimm ein Blatt Papier zur Hand und notiere alle negativen/hinderlichen Eigenschaften, Emotionen und Reaktionen.

– Wandle sie um, so dass Du neue, positive, energievolle Glaubenssätze und Überzeugungen gestaltet hast.

– Schreibe sie mit grün hier in das Heft.

– Setze diese Arbeit fort, bis Du nur noch positive und hilfreiche Glaubenssätze, Überzeugungen, Eigenschaften, Vorlieben und Verhaltensweisen kreiert hast.

Beispiele:

„Ich habe große Angst vor dem Alleinsein" wird zu: „Ich fühle mich wohl und genieße die Zeit, die ich für mich habe"

„XY muss sich bei mir für ... entschuldigen" wird zu: „XY ist ein liebevoller und freier Mensch!"

„Wenn ich alles verlieren würde, hätte ich keinen Grund/ Sinn mehr im Leben!" wird zu: „Ich bin stark und es wird sich immer ein neuer Weg zeigen. Ich werde mit allem locker fertig, egal was passiert! Auch damit werde ich fertig!"

„Ich bin nicht beziehungsfähig!" wird zu: „Ich finde den richtigen Partner der sich bei mir und ich mich bei ihm wohlfühlt!"

_____

_____

_____

_____

_____

_____

_____

_____

_____

Welche der neuen, grünen Sätze, kannst Du am schwersten glauben kannst?

(Bsp. *„Ich bin liebenswert." „XY ist ein liebevoller Mensch." „Ich finde den richtigen Partner der sich bei mir und ich mich bei ihm wohlfühlt!")*

_____

_____

_____

_____

_____

_____

_____

_____

_____

_____

_____

_____

_____

_____

_____

Lerne diese Sätze auswendig und sprich sie jeden Morgen als Mantra bzw. Affirmation. Lass während der Autofahrt das Radio aus und wiederhole laut ausgesprochen diese Sätze. Beim Aufräumen oder Kuchenbacken, sprich diese Sätze vor Dich hin, bis sie zu einem Ohrwurm in Deinen Gedanken werden.

Herzlichen Glückwunsch!

Du hast alle Übungen und Meditationen aus diesem Heft gemacht.

Nun verschließe es und räume es weg. Am Besten in Deine hinterste Schublade.

Du kannst jetzt getrost LOSLASSEN und mit Vorfreude nach vorne blicken.

Dann Geh raus!

Geh unter Leute. Mach Small-Talk. Sei offen, sei fröhlich, sei neugierig, sei interessiert.

Sei jetzt der, der Du sein willst. Reagiere, fühle, antworte bereits jetzt mit Deinem neuen Ich.

Folge Deiner Intuition, Deinem inneren Flow, Deinem Gefühl und gehe ihm nach. Lass Dich überraschen.

Irgendwann, wenn Du schon vergessen hast, dass Du dieses Heft überhaupt aktiv bearbeitet hast, wird es Dir in die Hände fallen. Dann kannst Du darin blättern und staunen, was vor langer Zeit noch ein Problem war, jetzt gar keine Rolle mehr spielt.

Über die Autorin

Seit 15 Jahren arbeite ich nun aktiv mit psychospirituellen Übungen. Ich habe mit Hilfe dieser Übungen schwere Depressionen überstanden und verschiedene Opferrollen geheilt. Das sichtbare Ergebnis ist eine 22 -jährige glückliche und erfüllte Ehe mit meinem geliebten Mann, vier wundervolle Kinder, zu denen ich eine tolle Beziehung habe und eine erfolgreiche Ballettschule.

Das könnte jeder von außen betrachtet natürlich auch als reine Glückssache bezeichnen.

War es aber nicht.

Das ständige Hinterfragen meiner Gedanken, das Erforschen meiner Überzeugungen und das nächtelange Arbeiten mit meinen ungewollten Glaubenssätzen haben mich hier hin gebracht wo ich heute bin.

Glücklich verheiratet, erfolgreich und ein freier Mensch auf wirklich allen Ebenen.

Quellenverzeichnis, weiterführende Literatur:

— Frederic E. Dodson: sämtliche Bücher von ihm zum Thema Reality Creation.

— Steve Andreas u. Charles Faulkner: Praxiskurs NLP

— Harry Palmer: Resurfacing

— Moritz Boerner: Byron Katies The Work

— Cathrin Ponders: Dynamische Gesetze des Reichtums

— Manuela Rösel: Wenn lieben weh tut. Ein Kommunikationsratgeber für Partner in der Borderline-Beziehung